문학예술 한국대표시인선 129
Literature Art Poems Book Series

사랑과 지혜

문학예술사

이 정 도 4시집

사랑과 지혜

문화예술 한국대표시인선(129)

사랑과 지혜

초판1쇄 인쇄일 * 2024년 3월 10일
초판1쇄 발행일 * 2024년 3월 15일
지은이 * 이 정 도
펴낸이 * 이 일 기
펴낸곳 * 문화예술사
본 사 * 02579 서울시 동대문구 왕산로9길15(3층)
편집실 * 04627 서울·중구 퇴계로32길 20-10
H·P * 010-5211-1771
전화 * (02) 2264-5166
팩스 * (02) 2264-5165
E-mail * poem1771@hanmail.net
등록 * 제2-4501호
ⓒ 이정도 2024
잘못된 책은 구입하신 서점에서 바꿔 드립니다.
지은이와 협의하에 인지를 붙이지 않습니다.
값 * 15,000원
ISBN 979-11-90993-33-3 (부가기호:03810)

시인의 말

　사람은 자연과 더불어 살아가고 있다. 계절에 따라 달라지는 꽃과 나무들을 보면서 우리는 그들과 함께 호흡하면서 살고 있다.
　우리는 생활주변의 평범한 소재들을 만나면서도 특이한 메시지를 얻을 수 있고, 어떤 영감과 지혜를 얻기도 한다. 때로는 정서적인 반응을 통해서 말로 표현할 수 없는 것들을 느낄 수도 있다.
　인생에서 이웃을 사랑하지 않으면 무의미하게 살고 있는 것이다. 보람 있고 행복한 삶을 위해서 긍정적이며 낙관적인 생활자세가 필요하다. 주어진 환경에 만족하고 즐거움을 찾을 수 있으면 행복할 수 있다.
　생활 속에 어려움이 있더라도 서로 배려하고 사랑하는 것이 중요하다. 우리는 세상을 살아가면서 많은 사람으로부터 사랑을 받으면서 살아간다. 그러므로 다른 사람을 사랑한다는 것은 대단히 중요한 것이다.
　우리의 삶을 더욱 가치 있도록 하기 위해서 이웃을 사랑하고 그들에게 봉사하면 더욱 지혜로운 삶이 될 것이다.

   내가 가진 것은 흔적 없이 사라지고 남에게 준 것 만이 세월이 흐른 후에는 나에게 남게 된다.

   진정한 행복을 위해서는 일상생활 속에서 사랑과 지혜를 나누면서 살아가야 할 것이다.

2024년 3월

남계 이 정 도

차례

• 시인의 말 5
• 평설/ 손진은 195

I. 꽃

보릿고개 15
봄소식 17
3월 19
춘분 21
산수유꽃 피는 마을 22
진달래꽃 23
봄나무 25
붉은 장미 26
능소화 27
목화 29
키 큰 살구나무 31
2월 33
홍매 34
까치 소리 36

개나리꽃 38
새싹의 묵주 40
접시꽃 41
석류 42
사랑은 배려에서 온다 44
백목련의 말 46

Ⅱ. 인연

내 고향 현내리 49
가로등 50
안녕하세요 52
말라꼬 54
오늘 이 순간 56
마음에 있으면 57
큰 고개를 넘어가면 58
비산동 60
좋은 관계 62
지금 이 순간에 64
진정한 승리 66
오늘 67
고향 69
반곡지 70

흔한 풍경　72
인연　74
인천상륙작전　75
감포 조약돌　77
다시 다부동에 와서　79
첫눈　81

Ⅲ. 경치

수성못　85
팔공산　87
소를 생각한다　89
주가변동　91
토끼　92
광양제철소　94
토끼 효과　96
문경새재에서　98
개강　99
쌍계사　101
이과수폭포　103
경주　104
타물폭포　106
뉴질랜드 양떼　108

지리산 일출 110
만세 부르는 2등 111
금강송 숲길 113
다솔사 114
낙안읍성 115
꿈을 현실로 116

IV. 계절

코로나 19 121
오늘도 감사합니다 123
힘내세요 125
만남 127
2020년 코로나 19 129
'할 수 있다'는 말 131
행복한 하루 되세요 133
삶이라는 레일로드 135
힌남노 태풍 137
위령성월 139
성묘 141
병원 대기실에서 143
세상의 모든 순간 145
태풍 '카눈' 147

9월이 오면 149
노인 건강을 위하여 151
백일홍 153
낙엽 155
거울 156
은행잎 밟으며 158

V. 행복한 삶

행복한 삶 161
자기를 이기자 163
자기를 사랑하자 165
감사하라 복 받을 것이다 167
손자 169
타인의 마음을 얻으려면 171
인생은 나그넷길 172
내 생의 1막 2장 173
어린이의 미소 175
여든 살 176
추자도의 눈물 178
공주 황새바위 순교성지 180
처세관 182
행복한 사람 183

순교자 성월　185
고령자의 준비　187
침묵　189
좋은 삶　191
김대건 안드레아 성인 조각상　193
나이 들면서　194

▌평설/ 사람과 만물에 깃든 아름다움과
　　　　종교성의 발견/ 195

I. 꽃

보릿고개　　　　　키 큰 살구나무
봄소식　　　　　　2월
3월　　　　　　　홍매
춘분　　　　　　　까치 소리
산수유꽃 피는 마을　개나리꽃
진달래꽃　　　　　새싹의 묵주
봄나무　　　　　　접시꽃
붉은 장미　　　　　석류
능소화　　　　　　사랑은 배려에서 온다
목화　　　　　　　백목련의 말

보릿고개

5월 청명한 하늘 아래
노랗게 익어가는 보리밭 길을 걷다 보면
사람들이 보릿고개를 지나기가 힘들었다고 하던
그 시절이 떠오른다

가난하지만 순수했던 그 시절
함께 살던 부모 형제 가족들의 얼굴
화목하게 지내던 그때가 그리워진다

노랗게 익어가는 보리가 고개를 숙이던 그 때
당장 끓여 먹을 양식이 부족해
뒤란, 빨갛게 익은 앵두로 배를 채우다
잠이 들면
-그래, 그래 착하지
내 이마를 쓰다듬던 부모님 손길에
나도 모르게 눈물을 글썽이던

순수하고 행복하던 그 시절이
아련한 추억으로 되살아나고 있다

(2020. 5. 31)

봄소식

창밖의 백목련
하얀 촛불 들고
입춘이 되었다고 알려주네

지난 해 백목련 필 무렵 만난 친구
백목련 봉오리 돋아나니
다시 만날 수 있을는지

추운 겨울 지나고
봄이 온다고 소식을 전해주니
따뜻한 봄바람도 불어오겠지

사계절이 분명한 이 강산
만물이 소생하고
꽃피고 잎이 돋아나는 봄
녹음이 짙어지는 여름
열매 맺는 시원한 가을

잎이 떨어지고 눈이 내리면
한 해를 보내면서 또 봄을 기다린다

(2022. 2. 8.)

3월

시린 햇살 눈썹차양 하고 보면
창밖 백목련 봄이 왔다고
하얀 촛불 들고 다가온다

지난 해 백목련 필 무렵
만난 웃음 많은 친구가
다시 찾아온 것 같다

백목련잎 떨어지던 나무 아래서
예수를 안고 슬픔에 잠긴
성모 마리아의 모습을 보았는데

만물이 소생하고
꽃피고 잎 나오는 3월
아기 예수의 웃음소리
돋아나는 듯하다

추위 가신
봄 하늘 아래 서면
내 품속으로 아름다운 영혼이
안겨드는 모습이 보인다

(2022. 3. 15)

춘분

3월 들어
밤과 낮의 길이가 같다는 춘분이 오면
세상이 살만하다는 생각이 든다
밤은 짧아지고 낮은 길어진다
바람이 순해졌다
살얼음을 뚫고 미나리가 올라온다
나는 몸을 움츠리지 않고 걷는다

동면하는 곰 같은 나무 둥치와 가지에서
햇살에 단단히 감고 있는 눈을 뜨는
아기 조막손 같은 싹들, 꽃망울들

까치, 참새들은 얼음 풀린 냇물에 입을 맞추고
버들은 살랑살랑 연둣빛 스란치마를 흔들어댄다
자꾸 밖으로 나가고 싶어 하는
손자는 2학년이 되었다

(2022. 3. 21)

산수유꽃 피는 마을

추운 겨울 지나고
산수유꽃이 노랗게 처음 보는 하늘을
물들이고 있네

돌담에도
개울가에도
산기슭에도
웃음 짓는 꽃

네게 왔다는 건 봄이 돌아왔다는 것
마을 어른들이 소를 몰고 쟁기로 밭의 기름진
흙을 일군다는 것
아지랑이도 덩달아 피어오른다는 것

산수유꽃 화사하게 피는 마을은
봄이 며칠쯤 더 빨리 도착하고 있다는
생각이 든다

(2022. 3. 22)

진달래꽃

청명이 되어
고향 선산의 부모님 산소 성묘하러 가는데
올라가는 산 능선 길 양쪽에
피어있는 진달래꽃

나를 기다리시던 부모님
한걸음 다가오시면서
연분홍색 꽃을 들고
반갑게 맞이하신다

산소에서 성묘하고
산을 내려오는 길에서도
- 어서 가, 무사히 잘 지내고
- 다음에 또 와
하산하는 자식을 배웅하신다

건네주신 진달래꽃 망울에는

부모님의 마음과 말씀이 맺혀 있다
나는 그 따뜻한 정을 더듬으며
산길을 내려온다

(2022. 4. 5)

봄나무

따뜻한 바람 불어
사람들은 겨울 옷 벗어 던지고
가벼운 옷으로 바꾸어 입는데

겨울나무들은 한사코
벗은 몸에 새 옷을 입는다
땅속에선 뾰루지처럼 새싹이 돋아나고
새들도 불러모은다

멀리 갔던 아지랑이를 호명하고
잠자던 개울물을 불러
졸졸 흐르게 한다

(2022. 5. 17)

붉은 장미

눈부시게 아름다운 오월
붉은 장미꽃 필 무렵
내 가슴 속의 가득한 사랑을

새들이 노래할 때
나의 타오르는 열정을
사랑하는 사람에게 말하고 싶네

사랑하는 마음을 실어
붉은 장미 꽃 보내노라
나의 사랑을 알려주는
장미와 태양을

밝은 태양 아래
너의 머리 위에
붉은 장미꽃의 미소를 보내고 싶다

(2022. 7. 19)

능소화

뙤약볕 쏟아지는 여름
하얀 울타리에 목 내밀고
반갑게 미소 짓고 있다
누구시더라? 어디서 많이 본 미소였다

다음 날 다시 가보니
다홍색 나팔 같은 입술로
햇살 받으며 환희에 어쩔 줄 모르는 듯
활짝 웃고 있는 영락없는
아, 어릴 적 어머니

다시 며칠 뒤
발걸음을 멈추어 자세히 들여다보는 내게
-어서 가, 어서 가,
미세먼지 속에서도 엷은 향기에
여전한 웃음을 실어 보내고 있었다

그 다음 날
꽃은 떨어지고 쳐다보는 하늘가
그녀 얼굴이 낮달로 떠서
날 보고 여전히 손짓하고 있었다

(2022. 7. 20)

목화

무더운 여름 지나고
연노랑 연분홍 미영 꽃 피었네

푸른 앵두 익어가는 시절부터
매미 목청 찢어지게 우는
더운 여름을 지나기까지
발갛게 익은 얼굴로 지슴 매던 비탈진 밭

다래가 익어
하얀 솜을 토해내면

베틀에 앉아
손으로 북을 좌우로 이동시키며
발로 실의 경사를 바꾸시며
베를 짜시던 어머니 모습
떠오른다

목화를 보면
바람에 수런거리며 목화가
무언가 말하는 것 같다
가만히 귀를 갖다 댄다
내 어린 여섯 살 적 모습으로

(2022. 9. 6)

키 큰 살구나무

동네 한가운데
키 큰 살구나무 가지에
연분홍 살구꽃이 얌전히 피었네

노랗고 동그란 살구가 머지않아 열리고
익은 살구는 땅에 떨어져
행인들은 달고 새콤한 그 살구를
주워서 먹기도 하리라

살구 수확이 끝나면
저 키 큰 살구나무는
그늘 농사도 짓는데

그 그늘 아래 사람들은 평상을 펴고
찐 옥수수를 먹으며
한여름의 무더위를 건너간다네

그러다 가을 단풍 지나면
가슴에 새 둥지를 앉혀 새끼를 보듬는
참 어진 마음의 나무라네

(2022. 9. 13)

2월

혹독한 겨울 지나고
따뜻한 봄을 기다리는 2월

연탄 냄비처럼 바글거리는 햇살에
마당 가 새싹들이 뾰루지처럼 땅을 뚫고 나온다

고개를 들었다 내려놓는 사이,
들린다

그 볕에 인화되어
씨앗들 폭발하는 소리

얼었다 풀리는 흙
저 늙은 어미의 자궁에서
천지사방 터지는

저 작은 것들의 빅뱅 소리

(2023. 2. 8)

홍매

2월에 들른
동화사

마당엔 희끗희끗
잔설이 남았는데

때 이르게 벙근
연분홍 미소

누구를 기다리며
서 있는가

다시 바람 불고
뿌리는 진눈깨비

에워싸는 눈설레 속에서도
뜨거운 얼굴

훅, 데여
추위가 물러갈 듯

면벽한 스님의 눈매에도
미소가 돈다

(2023. 2. 20)

까치 소리

아침 출근하는 내게
메타세쿼이아 높은 가지에서 무슨 말이라도 하려는 듯
까치가 내 피부 촉촉이 두드리는
울음을 울고 있다

어렵던 젊은 날
고등학교 합격 소식을 전해준 이래
피난 가던 날,
첫아들의 순산,
생의 길목마다 고개 숙인 내 마음을 밝게 해 주던 새

봄바람을 반갑게 맞이하면서
옥타브 높은 소프라노 음색을
공중에 잘게 흩뿌리고 있다

내 걸음을 온통 네 울음의 박자로
낙천가의 발걸음으로 바꾸어 놓은
반가운 까치야,

그러고 보니 깍깍 깍깍깍, 네가
우는 리듬으로 꽃잎들이 막 벙글어진다
봄도 네 울음 속에서 걸어 들어온다

(2023. 3. 15)

개나리꽃

언덕에도
시냇가에도
노랗고 앙증한 것들이
배시시 웃고 있네

바람과 햇살이 후두둑 찍은
한 점 노란 잎새에도
가없는 봄기운이 어른거리네

겨울 지내고
따뜻한 봄이 온다고
종종거리는 병아리 옷을 챙겨 입은
네댓 살 유치원생 같은
봄이 산에도 들에도
막 종알거리네

길가의 어린 풀들도

그 말을 들으려고
연초록 귀를 내미네

(2023. 3. 29)

새싹의 묵주

길가에 나란히 줄지어 선 은행나무

겨울잠에서 깨어나듯
기지개 켜며 연둣빛 팔을 뻗고 있네

일정한 간격으로 무리 진 새싹들
부활절 맞이하면서
성모송을 외우는지
눈을 틔우고 있네

연초록 망울들
가지마다 곱게 맺혀
앙증맞게 기도드리고 있네

(2023. 4. 5)

접시꽃

장독대 옆자리에서
빨강 하양 꽃으로
키 큰 장정처럼 당당하게 서 있다

오래 전부터 그 자리에 서 있다
누나가 심었던 그 꽃
집안의 대소사를 지켜보았을 꽃
객지에서 온 가족들의 이야기도 들었을 것이다
누나 시집갈 땐 눈시울을 훌쩍거렸을 것이다
아직도 장독대와 옛집을 지키고 있다

지난번 성묘하고 들렀을 때
- 왜 이렇게 오랜만에 왔니
몸을 설레설레 흔들던 꽃

세월이 흘러도
변함없는 모습 믿음직하다

(2023. 7. 11)

석류

초록 잎 무성한 가지마다
붉은 꽃들이 여름을 부르던 석류

주먹 크기의 열매는 꽃받침 이마에 붙이고
황갈색 껍질 붉은빛을 보인다

오래전 조상들이
다산多産을 바라며 심었던 나무

주인이 이사를 가면
이듬해부턴
꽃도 내지 않았다는 지조 있는 나무

서서히 가열되는 불덩이에
뇌관이 뜨거워진 열매들
두꺼운 껍질 터지면서 속살 드러내는
알갱이들은

안전핀을 뽑기 직전의 수류탄!

나무 밑을 지나가는 내 머리 위에 터질 듯
가을이 두 손을 들고 항복할 것 같다

(2023. 7. 11)

사랑은 배려에서 온다

따사로운 햇살이
어깨에 내려앉을 때
온몸이 포근해지는 것처럼
사랑은 작은 배려에서 시작된다

모이를 주자
아침마다 날아와서
어깨에 손바닥에
머리에 온몸에
깃을 치는 새들을 안고 사는
성자가 된 노인도 있다

초등학교 시절
-너는 노래를 잘 하는구나
선생님의 한 마디가 향기를 일으켜서
세계적인 성악가가 된 사람도 있다

나를 살아나게 하는 것은
지극히 작은 관심
배려는 사람의 마음의 문을 열고
가능성의 새를 날아오르게 하는 사랑이 된다
사랑은 모든 허물을 가리운다

(2023. 9. 4)

백목련의 말

추운 겨울 지내고
새로운 부활절을 맞이하여 너는
하얀 촛불 들고
찬송가를 불렀지

작열하던 햇볕을 받으면서
짙은 초록색 옷으로
여름을 싱싱하게 보내며 너는
키를 키우더군

어느덧 가을
입성을 노랑으로 바꾸고
낙엽으로 옷을 벗기 전에 너는

아껴주어 고맙다는 듯
내년에도 건강하게 만나자는 듯
연신 감사의 인사를 하는구나

(2023. 11. 26)

II. 인연

내 고향 현내리
가로등
안녕하세요
말라꼬
오늘 이 순간
마음에 있으면
큰 고개를 넘어가면
비산동
좋은 관계
지금 이 순간에

진정한 승리
오늘
고향
반곡지
흔한 풍경
인연
인천상륙작전
감포 조약돌
다시 다부동에 와서
첫눈

내 고향 현내리

새들도 태어난 곳을 그리워한다는데
산이 마을 그윽이 품어 안은 나 태어난 마을,
현내리
생각만 해도 마음은 눈부시다

큰 눈이 쳐들어오듯이 내리는 골짜기
영양의 뿔처럼 솟구치던 느릅나무 순
지루한 장마 끝에 포도 알이 검게 영글고
하굣길 밭에서 뽑아먹던 달근한 무

소가 정신없이 바랭이 풀을 뜯어먹는 동안
옥수수 이파리들이 하루가 다르게 자라올라
밭둑 가득 출렁이는 물결 소리를 풀어놓던
그 시절로 시간을 되돌릴 수는 없지만

아직도 내 핏줄엔 그 시절의 기억이
일렁이며 흐르고 있다

(2022. 6. 7)

가로등

어두운 밤
좁은 골목길을 지키는 그는
외롭지만 묵묵히 길을 밝히면서
수십 년째 그 자리에서 눈을 뜨고 있다

오른 쪽으로 가야할지 왼쪽으로 가야할지
모르는 사람들
모퉁이를 도는 사람들에게
깜빡거리는 눈짓으로 방향을 가리킨다

캄캄한 밤바다를 운항하는 선박을 위하여
불빛으로 안내하는 등대처럼
너무 오래 뜨고 있는 바람에 눈이
먼 적도 있지만

그가 다시 눈을 갈아 끼우고
오늘도 서서 제 일을 하고 있다는 걸

아는 사람은 그리 많지 않다

걸음 소리만 들어도
그 사람의 표정을 알고 있는 그는
이 거리의 성자이다

　　　　　　　　　　　　(2022. 6. 14)

안녕하세요

이른 아침 등굣길
연두색 책가방 어깨에 메고
신주머니 손에 든 초등학생이
- 안녕하세요
아침인사를 했다

손자 같은 그의 인사에
- 안녕하세요
나도 웃으며 인사했다
서로 다른 방향으로 걸어가면서
우리는 만나고 웃으며 헤어졌다

이름도 모르는 아이
첫인사였지만
반가움의 여운이 종일 남아
기분 좋은 하루를 지내게 되었다.

등굣길 다음 또 만날 수 있기를 바란다
(2022. 6. 21)

말라꼬

더위가 한창이던 칠월 말
해인사 홍제암에서 일박하고
다음 날 아침 가야산 상봉을 등산하려고 준비하는데
공양간 보살님이 주먹밥을 싸주셨다

조금의 돈을 넣은 봉투를 내밀었더니
-말라꼬
입가 주름을 환하게 펼친 채
발개진 얼굴로 말하였다

고향에 다녀올 때
어머니께 용돈을 드리면
고마움과 미안함이 버무려진
음성으로 말씀하시던
-말라꼬

보살님의 그 한마디에
눈물이 핑 돌며
어머니가 그리워졌다

(2022. 6. 22)

오늘 이 순간

시간의 흐름 속에
어제와 오늘 그리고 내일이 일직선 위에 있다
오늘의 이 순간은 영원으로 연결되고
오늘 나는 영원 속에 있다

나는 오늘이 연결된 영원을 향하며 살아가며
내일을 생각하며 오늘을 살아야 한다
오늘 아침에 떠오르는 태양은 내일의
그것과는 다를 수도 있다

그러니 오만하거나 우쭐대지 말 것이며
영광도 아픔도 순간의 일이니
오늘 이 순간을 소중하게 생각하며
열심히 노력하고
내일을 기다리기로 한다

(2022. 7. 8)

마음에 있으면

마음에 있지 않으면
가까이 있어도 먼 사람이 되고
마음에 있으면
멀리 있어도 가까운 사람이 된다

마음을 다스리면
따듯한 말을 하게 되고
남을 위로하는 마음을 가지게 된다

마음에 있지 않으면
보아도 보이지 않고
들어도 들리지 않는다

마음에 있으면
안 보이는 것도 보이고
안 들리는 것도 들리게 된다

(2022. 7. 12)

큰 고개를 넘어가면

큰 고개를 넘어가면 중학교가 있다기에
입학 시기는 지났지만
배우겠다는 일념으로
고개를 넘었지

하빈면에서 다사면으로 넘어가는
큰 고개 위에서 땀을 닦으면서
졸업할 때까지 결석하지 않고 다닐 수 있을까?
염려도 있었지만
졸업할 때까지 개근하였지

그 후 도시로 진학하여
학교에서 계속 공부하는 것도
연구하는 교수직을 맡아 일을 하는 것도
사람 사이의 일도, 지나고 보니 큰 고개요
비탈길이었지

눈으로 보고 귀로 듣고
책과 자료를 보면서
지식과 지혜를 얻고
성숙해지는 것도 무수한 나를 넘어서는 일

글을 쓰는 이 시간이 또 고개네
저 먼빛이 부르는 하늘의 고개는
또 어떻게 넘을지

(2022. 7. 19)

비산동

한때 산이 날았다는 곳이다

자취하던 고등학교 시절
주말이 되면 마을 공동우물에서 줄 서서
기다리다
양철 물통에 담긴 물을 물지게에 지고
뒤뚱뒤뚱
걸을 때 쏟아진 물이 이내 살얼음으로 미끌
거리던 곳

아궁이 불길은 역풍으로 불어 교복은 늘
불내가 배고
밤새 냉골 방에 시린 등골을 견디며
화롯불에 밥을 지어 먹고 학교로 갔고
장마 때면 장판 밑으로 물이 스며
노래기를 밖으로 집어던지던 곳

아직도 내 핏줄엔 그 시절이 남아
다닥다닥 붙어 있던 단층집들 기억을 더듬으며
내 자취방 그 골목을 찾아갔지만

자취방은 사라지고 옛 추억은
밀집된 빌딩의 공중에 떠 있는 비행운을 타고
산이 되어 날아가고 없었다 뒤숭숭한
꿈자리처럼
혼비백산 쫓기듯 그곳을 빠져나왔다

(2022. 7. 26)

좋은 관계

좋은 사람과 좋은 관계를 유지하는 것은
중요한 일이다

오래 만난 사람보다
수십 년 소식 끊긴 고향 친구가 더 반가울
때가 있다

많은 말을 하는데 곁에 가면 몸이 마르는
사람도 있고
말이 적어도 젖어드는 사람도 있다
거꾸로 보나 바로 보나 거기가 거기다

진심이라고 말하는데 짐승이 도사린 것 같은
사람
곁에만 있어도 머릿 속을 돌고래가 솟구칠 것
같은 사람

좋은 사람과 좋은 관계를 유지하는 것이
삶의 보람을 유지할 수 있다

(2022. 8. 25)

지금 이 순간에

과거를 돌아보며 후회한다고
미래를 생각하며 불안해한다고
할 수 있는 게 무엇인가?

현재 만나고 있는 사람
현재의 상황
지금 이 순간을
더 열심히 사랑하고
더 기쁘게 받아들이자

현재는
오롯한 나의 경작으로 피어날
꽃이요 보람이요 설렘인 것을

후회하지 말고
더 깊이 파고
더 물들고

더 사랑하며
지금 이 순간을 보람 있게 살아가자

(2022. 9. 13)

진정한 승리

인생은 무엇을 얻으려고
끊임없이 몸부림을 친다

돈을 모으려는 사람
권력을 잡으려는 사람
이해관계를 지나치게 따지는 사람
자기의 욕구충족을 위해서
날마다 바쁘다

그러나 사람들은 알리라
자기의 인생이 기우는 외로운 밤이 오면
그 사나운 욕망의 짐승들
하나둘씩 잠재우고

마음의 강물에 백조 한 마리 띄우는
그것이 진정한 승리라는 것을

(2022. 10. 27)

오늘

어제보다 성숙했고
내일보다 젊은 때가
오늘

어제는 이미 지나갔고
내일은 아직 오지 않았어요
오늘만이 나의 것

지금 막 벚꽃이 망울을 맺었어요
바람이 불고 햇살 속 까치가 울어요

지금까지도 꽃이 피고
바람이 불고 새가 울었지만
내일도 꽃이 피고 바람 불고 새가 울겠지만

지금 내 눈과 살갗과 귀에 와 닿는
그 꽃과 바람과 새는 아닌걸요

지나간 과거보다
오지 않은 미래보다
시간의 발자국 쿵쿵 뛰는 소리가 막 들려오는
이 순간의 경이
상쾌하게 출렁거리는 내 피톨

(2023. 2. 15)

고향

더운 여름철 소 몰고 들로 산으로 나가고
개천에서 헤엄을 치며 놀다가
해가 질 무렵 집으로 돌아왔지

파란 하늘에 흰 뭉게구름 떠다니고
흐르는 물은 쉬지 않고 어디론가 내려갔지
시끄러운 소리도 매캐한 먼지도 없이
뛰어다니던 벌거숭이 시절

물따라 세월도 쉼 없이 흘러
빛바랜 사진 속 웃는 얼굴
절반이나 파도 저편으로 밀려나고

농산물 시장이, 무슨 공장이 들어선다는 소문
이제는 도시의 변두리가 다 되어가는
더 늦기 전에 오라고 손짓을 하는 고향 마을
젖은 눈빛을 간밤에 나는 보았다

(2023. 3. 22)

반곡지

경산 지나 남산면
복숭아꽃밭을 지나며 흐르는 물
왕버들 무리지어 있는 커다란 둑을 만나
함께 쉬고 있는 반곡지

물처럼 흐르는 세월을 보낸
왕버들은 제 키보다 열배도 넘는
연둣빛 그림자를 던지고

청둥오리들은
거꾸로 박힌 나무 그림자 속을
가끔 자맥질 하네
연목구어, 오리들은 나무에서 퍼덕이는
붕어를 낚아채 올릴 줄 아네

반곡지, 백 살 가까운 왕버들 어른이 들려주는
구수한 이야기라네

그 어른들 그림자 덕분에
연못은 그 자리에 앉아서도
무장무장 깊어진다네

　　　　　　　　　　　　　　(2023. 4. 12)

흔한 풍경

출근길 전철에 씌어 진 안내문
그 아래
노약자 임산부 장애인이라는
설명도 있다

희끗한 노인이 짐을 들고 옆에 서 있지만
양쪽 다리 쭉 뻗치고
xx대학교라는 로고가 크게 새겨진 멋진
옷을 입은
귀때기 새파란 청년이 그 자리를 차지하고
앉아서
눈알을 스마트폰에서 떼어내지 못하고 있다

옆에 서 있는 노인은
무슨 생각을 하고 있을까?
저 친구는 글을 모르는가?
표시된 안내문을 아직 못 읽었는가?

내 차비를 내었으니 신경 쓸 필요가 없다는
것인가?

승객들은 침묵하거나 고개를 돌려
창밖을 내다보고 있는데
입고 있는 옷으로
유명 대학을 알리고 있는
새파란 청년은 아직도 스마트폰에 붙들려 있는
아침의 출근길

묻노니
오늘 당장 폼페이 최후의 날처럼
이 도시의 지하철이 매장된다면
발굴자들은 도대체 무엇을 기록하며
시인은 어떤 시를 남길 것이냐

(2023. 5. 3)

인연

사람들의 관계는 묘한 것이다
만나고 오랫동안 잘 지내기도 하고
그렇지 못하고 헤어지기도 한다

어리석은 사람은 인연을 만나고도 모르고 지나고
보통 사람은 인연을 알면서도 놓치고
현명한 사람은 옷깃만 스쳐도 그 인연을 알고
손을 잡는다

인연을 만드는 건
품을 내어주는 것

마치 모내기 한 논이
하늘이 내려와 놀고
해와 구름도 산도 따라와 놀도록
품을 내어주듯이

(2023. 7. 18)

인천상륙작전

경인년 6월 25일 북한이 남한으로 침략한
동족상잔의 전쟁
대비가 부족한 우리나라가 낙동강까지 밀려
위기에 처했을 때
인천상륙작전으로 유엔군이 서울로 진출하여
북한군의 목을 조르면서 위기를 면했다

그때 작전을 지휘하던 더글러스 맥아더
유엔군 총사령관
한국전쟁의 영웅이다

인천 중구 자유공원에 세워진 장군의 동상
그 당시 위기에 처한 대한민국을 수호하던
그 모습
당당하기도 하다

이 작전은 위축된 전세에서

공격적인 자세로 바뀌는 절호의 찬스이며
전쟁사에 크게 빛나는 위대한 업적을 기록했다
(2023. 10. 12)

감포 조약돌

내 방 책상 한쪽에 있는 이 돌은
맨질맨질 하며 곱고
오랜 세월 바닷바람에 마모되어
반들반들하고 둥근 것

오래 전 친구와 같이 걷던 오류 해변에서
발끝에 다가왔던 너를
주워서 집으로 가져온 것

그 친구는 떠났지만
조약돌은 내 곁에 남아

때로 답답한 일로 힘들어할 때
내 뜨거운 이마를
서늘하게 식혀주기도 하고

혼미한 내 낮잠

깨워주기도 한다

돌 속에서 이는 바람,
동해에서 온 푸른 하늘과
햇빛과 안개

지금도 돌 주변에는
무시로
파도 소리가 일렁이고 있다

(2023. 10. 25)

다시 다부동에 와서

낙동강 철교가 폭파되고
더 이상 물러설 데가 없다는 배수의 진으로
이 나라 강토를 지켜낸 다부동

거기엔
-한 발짝도 더 밀리면 끝장이다. 내가 물러서면
나를 쏴라
청년 백선엽 장군의 목소리가 있고

낙동강과 그 상류 동북부의 산악을 잇는 천연장
애물을 이용한
방어선, '워커 라인'의 결의가 있다

하늘에선 레이팜탄
지상엔 죽음을 무릅쓴 국군과 유엔군 경찰
학도의용군 소년병 노무자들이 흘린 피의
대가로

지킬 수 있었다는 이 곳

뒤이은 인천상륙작전도
압록강까지의 북진도
오늘의 이 강토도 온전히 젊은 넋들의
은공이 고맙고

오늘 다시 다부동에 와서
손에 닿을 듯한 하늘에
흘러가는 구름 속에서
새소리 바람 소리 속에서

방아쇠를 당기던 눈동자와
사방에서 터지던
포성과 함성을 본다

(2023. 11. 1)

첫눈

날씨가 추워지더니
아침에 창문을 여니
첫눈이 왔네

산에도 들에도
하얀 눈이 쌓이고

단풍나무도
백목련도 눈을 모자처럼 쓰고
조용히 묵상에 잠겨 있네

하늘은 왜
이맘때쯤 눈을 내려보낼까
생을 되돌아보란 말일까

눈을 보며
나도 생각에 잠기네

(2023. 11. 21)

Ⅲ. 경치

수성못
팔공산
소를 생각한다
주가변동
토끼
광양제철소
토끼 효과
문경새재에서
개강
쌍계사

이과수폭포
경주
타물폭포
뉴질랜드 양떼
지리산 일출
만세 부르는 2등
금강송 숲길
다솔사
낙안읍성
꿈을 현실로

수성못

수성들 주거지가 되면서
시민의 휴식처로 변한 수성못

인공 섬의 커다란 나무에
오고 가는 새들의 모습

곡예를 하듯 헤엄치고 있는 잉어들
부딪침 없이 유연한 움직임

한가롭게 떠다니는 오리배들
저마다 정담을 싣고 한가롭구나

해 저물어 석양과 서산의 그림자
물 위에 어른거릴 때
오래전 함께 거닐던 친구의 안부를
묻고 싶다

전깃불이 켜지자
음악 리듬을 따라
춤추는 분수의 향연들
새로운 분위기를 만들고 있다

이상화 시비 속
- 빼앗긴 들에도 봄은 오는가
그 목소리 지금도 낭랑한데
흘러간 세월을 쓸어 담고
투박한 껍질로 무장한 왕버들의 웅장한
모습에서
지난날의 추억을 떠올린다

(2022. 1. 11)

팔공산

넓은 가슴 활짝 열고
금호강 물줄기를 끌어안으면서
낙동강과 만나서
대구를 낳았구나

이 분지를 위해
추운 겨울 되면
병풍처럼 찬바람 막아주고
봄이 되면 맑은 바람 따라
꽃과 잎을 피워서
아름답게 꾸며주었다

너는
오래 전부터
이 땅에서 태어나고 묻힌 사람들의 추억들
동화사 갓바위 한티 성지

역사의 굴곡을 품고
우리 앞에 의연하게 서 있구나

(2022. 1. 18)

소를 생각한다

나 소년 시절
마을에서 소를 몰고 들로 산으로 나가
소에게 신선한 풀을 먹였다

봄이 오고
깨끗한 풀들을 보면서
오래전 소를 몰고 밖으로 나갔던 기억에
그때 몰고 가던 소들을 그리워한다.
이런 풀들을 그때의 소에게 주고 싶다

길가에서
대학 캠퍼스에서
이름은 모르지만
뇌리에 기억되는 풀들을 보면서
초록에 붙들린 마음이 소를 부른다

올려다본 하늘,

낮달 속에서
어릴 때 소가 나를 물끄러미 바라보고 있다
                                (2022. 5. 10)

주가변동

증권시장의 주가 시세는 변동하는 게 정상이다
투자자의 심리는 항상 변화하고
그 마음처럼 주가도 조금도 가만있지 않는
것이니
너무 괴로워하지 말라

주가 폭락 시기에는
때로는 참고 견디는 법도 배워야 하고
주가변동의 요인은 여러 가지이며
오르고 내리는 것을 그 누가 예측 하리오

투자자의 마음은 오르기를 바라고 있지만
밀물과 썰물처럼
높아졌다 낮아졌다 하는 게 주가이다

그게 어디 주가 하나에만 적용될 것인가
우리 생의 길도 그러하지 아니한가

(2022. 6. 22)

토끼

아침 일찍 그의 방문을 살짝 열며
일어났나? 하고 들어가면

배추잎 사과 껍질 먹으며
내 쪽으로 검고 동그랗게 열린
창(窓)이여
내 어릴 적 소녀(小女)들의 동공이여

귀엽다고 등을 쓰다듬으려 하면
슬쩍 몸을 뺐다가 다시 다가오고
방에서 나오려고 문 쪽으로 오면
재빨리 뒤를 따른다

마루에 있는 소파에 같이 앉아
텔레비전을 보다가
말없이
세계 구석구석을 그 창窓에 담다가

어느새 그는 가버리고 없다
연두색 하늘을 풀어놓고
환한 햇살 속
어릴 적 소녀들의 놀란 동공을 막 열어놓고

          (2022. 8. 12)

광양제철소

남해 광양만을 바위와 돌로 쌓아서
평지로 바꾸고
포항제철소 두 배의 규모를 넘어
서울 여의도 일곱 배 면적의 공장으로
광양제철소는 계속해서 가동되고 있다

수입한 철광석과 석탄으로
고도의 과학기술로 철제를 만들고 있다
시뻘건 얼굴로 용광로에서 출발하는
쇳물 덩어리
앞으로 뒤로 밀리면서 두께는 얇아지고 있다

검붉은 모습으로 냉각수의 세례를 거치면서
확장되고 식혀지는 과정에서
철판으로 바뀌면서 일렁이는 붉은 땀방울 속에
박정희 대통령과 박태준 회장의 애국심과
열정을 본다

황무지 광양만을 개척하여
산업의 골격을 생산하는 터전에서
"자원은 유한, 창의는 무한"이라는 표어를
거대한 이순신 대교가 내려다보며 지키고 있다

         (2022. 8. 23)

토끼 효과

동그란 눈
부드럽고 하얀 털
조용하면서 잘 놀라는 모습

소리는 없지만
민첩한 움직임으로
외출에서 돌아온 나를
신발장 앞에서
두 발을 들며 맞이하기도 한다

때로는 같이 텔레비전도 보고
창밖에 내리는 비를 보기도 한다

부드럽고 티없이 맑은 자태
귀엽고 편안하게 깃들이니
아침마다 방문을 열어 보게 된다

우리 가족이 잔잔하고 평안한 건
그의 덕이 크다

(2022. 8. 29)

문경새재에서

옛날 선비들 과거시험 보려고
한양으로 향하던 조용한 산길

가을 되면서
붉고 노란 단풍 물결이
산 위에서 아래로 흘러내리고
관광객들 위로 거슬러 오른다

고운 단풍 길을 따라서
파도처럼 밀려가고 밀려오는 사람들
형형색색의 옷차림은 떨어질 것 같지 않은
단풍이다

카르페 디엠!
가족과 친구와 지인들
아름다운 단풍과 어울려서
정담을 나누며 선물 같은 순간을
즐기고 있다

(2022. 11. 3)

개강

찬바람 가득하고
오가는 사람 별로 없던 캠퍼스에

삼삼오오 쏟아져 나오는
젊은이들 머리 위로
순금의 햇살이 내린다

아프리카 유럽 인도 중국 아시아……
형형색색의 학생들 섞여
왁자지껄한 소리로 넘칠 때

정원의
매화 꽃망울들이
연분홍 귀를 열고
엿듣고 있다

겨우내 말랐던

버드나무 가지에

연둣빛 말들이

분수처럼 쏟아져 내린다

(2023. 3. 8)

쌍계사

섬진강
하얀 여울이
지리산 안고 돌며 낳은 절이다

구름을 걸친
벚꽃 터널이
기도하는 도량을 만들고

하늘에 걸린 대웅전 앞마당에
진감선사 탑비가 우뚝한

계곡 길을 따라가면
반쯤은 보이고
반쯤은 숨은 듯한

여울처럼
혼자 흔들려서

고즈넉하고 아름답고 슬픈
절이다

            (2023. 4. 19)

이과수폭포

지구의 허파인 밀림지대를 거쳐
브라질과 아르헨티나의 국경을 가로지르는
거대한 그가
천지를 진동하고 있다

무엇을 연모하여 달리는 걸까
솟구치는 물보라에 흠뻑 젖고
굉음으로 귀가 먹먹해진다

'악마의 목구멍'
거대한 말발굽처럼 생긴 그에 접근할 때
낙하와 우렁찬 울림으로
송두리째 내 몸이 먹힐 듯

수많은 광음 속,
밤낮도 가리지 않고 쉴새 없이
작은 오만도 나태도 부릅뜨고 질책하듯
떨어지고 또 떨어진다 (2023. 6. 7)

경주

남산 삼릉계곡으로 올라가면
여러 돌부처를 뵙는다

머리가 없는 부처
계곡에 누워 있는 부처
다행히도 몸체 머리의 광배까지
온전한 부처도 계시다

용장사지 삼층석탑은
자연 암반 위에 반듯하게 세워져
어진 이의 염원이
영원을 향하고 있는 듯하다

천년을 미소로 담고 있는
사람들 옆에
다소곳이 누운 이름 모를 왕릉들
부처를 모시고 있는 사찰과 석불들

땅 아래 위를 구분하지도 않고
삶과 죽음이 어깨동무하고
하늘 연꽃 아래 같은 숨을 쉬며
살아가는 곳

(2023. 6. 14)

타물폭포

태양열 쏟아지는 멕시코 중북부
억센 물기둥들이
깎아지른 절벽 위에서 몸을 던져
포토시나 협곡으로 곤두박질치고 있다

자지러지기는커녕
모든 죽음이
에메랄드 빛깔의 맑은 푸른색으로 살아난다
때로는 무지개가 골짜기를 환상의 세계로 끌어
들이고

그는 한 번도 자신의 뛰는 심장이나 속마음을
보여준 적 없다

관광객들은 여기까지 와서
숨이 멎을 듯한 이 광경을
경탄하거나

하이킹이나 하고
높은 언덕에서 점프하기도 하면서

여름 한 철 그의 외관에 취했다가
돌아갈 뿐이다

(2023. 7. 6)

뉴질랜드 양떼

남태평양 고요한 푸른 초원
목동과 개가 모는, 헤아릴 수도 없는 양들이
멋진 풍경을 그리고 있다

목동의 지시에 따라
재빠르게 움직이는 개
무리지어 움직이는 양들은
리듬에 따라 춤을 추는 배우들 같다

목동은 신호를 주고
개는 민첩하게 좌우로 재빠르게 움직이고
양들은 개의 명령에 따라 좌우로
방향을 잡아 꼬물꼬물 이동한다

살아서 털을 남기고
죽어서는 고기를 주고
인간을 위해 희생하는

누구에게 해 끼치는 일도 없이
그저 열심히 풀만 뜯다 생을 마무리하는
온순하고 어진 양떼,
양떼 같은 존재를 생각한다

                                        (2023. 9. 9)

지리산 일출

천왕봉 정상에서
일렁이는 파도처럼 이어진,
학도 비껴날았을 법한 능선들 위로
아침 해가 막 떠오르고 있다

경남에서 전남으로 이어지는
연화장을 이룬 저
천왕봉 연화봉 촛대봉 노고단으로
하늘도 수목도 잠기게 하는 저 일출

장엄하게 떠오르는
뜨겁고 싱그러운
서기가
수천 년을 이어왔고 또 이어갈
우리 민족의 숨결이고 맥박인 것을

지리산이 젖빛 운무雲霧 속에
몸을 푼다 (2023. 9.10)

만세 부르는 2등

성실하고 침착해야 한다
허둥대면
바라던 결과를 얻기 어렵다

중국 항저우 아시안 게임 현장
롤러스케이팅 남자 3,000m 계주

한국 남자 선수가 결승선 직전에서
전심전력으로 달려야 할 그 시점에서
성급하게 만세 부르다가
대만 선수에게 0.01초 차이로 역전되어
금메달을 놓쳤다

1등이라고 생각하고
허리 펴고 두 팔 뻗치면서 결승선 통과하기 전
승리의 세리머니 하던 순간
메달의 색깔은 바뀌고

길 위에 흩뿌린 땀방울들이 과거의 시간으로
되돌아갔다

무어라 불러야 하나
순간의 방심으로
만세 부르는 2등
우리들 이마에 새겨지는 절망의 시간들을!

(2023. 10. 11)

금강송 숲길

동해에서 밀려오는 파도 타고 오는 바람
붉은색 나무줄기와 푸른색 나뭇잎들
금강송에서 일어나는 싱그러운 솔향기
신선한 기운을 북돋운다

산 능선 따라 우뚝우뚝한 기암괴석
조용한 계곡 따라 자리 잡은 불영사
마음을 청정하게 하는구나

은은한 솔향기
리듬 있는 산 능선
굴곡진 계곡 거쳐 온 바람이
정신을 더욱 맑게 하네

(2023. 10. 15)

다솔사

붉고 노란 단풍으로 가득한 오솔길
푸른 차밭의 고요
적멸에 드는 듯
산책로 따라 천천히 올라가면

적멸보궁 안에 누워 계시는 부처님 사리도
말없이 웃으시며 정적에 드시고

바람도 볕도
요사채 앞 졸음에 겨운 개도 잠잠

일체 묵언이 필요한 보궁
말없이 말씀하시니 진언이로다

(2023. 11. 7)

낙안읍성

순천하고도 낙안
가을철 고운 경치 모여진 거기에 가면
높은 돌담으로 둘러싸인 옛 마을에
짚으로 만들어진 초가지붕과 하얀 목화가
그리운 옛 모습을 보여주고 있다

산으로
석성으로 에워싸인
고요한 옛 마을의 모습이
어머니와 누나가 반갑게 맞이하러
막 뛰어나올 것 같은데

판소리 한마당이
떨림판 좋은 옛 하늘을
신나게 펼쳐
인생의 희로애락을 노래하는
열 몇 살 나이로 나는 그 앞에 섰다

(2023. 11. 7)

꿈을 현실로

미래는
꿈꾸는 사람의 것
성공은
준비하는 사람의 것

꿈을
날짜와 같이 기록하면
목표가 되고

거기에 숨결과
정성이 모아지면
눈부시게 깨어나는
개화가 되리라

알을 깨고 나오는
한 마리 새
작은 뜰에 저절로

버는 백목련

꿈꾸는 자에겐
대지도 하늘도
함께 힘을 보태어 준다

(2023. 11. 12)

Ⅳ. 계절

코로나 19
오늘도 감사합니다
힘내세요
만남
2020년 코로나19
'할 수 있다'는 말
행복한 하루 되세요
삶이라는 레일로드
힌남노 태풍
위령성월

성묘
병원 대기실에서
세상의 모든 순간
태풍 '카눈'
9월이 오면
노인 건강을 위하여
백일홍
낙엽
거울
은행잎 밟으며

코로나 19

과거에 경험하지 못한 일들이
우리의 삶을 짓누르고 있다.

손 씻기
마스크 착용
사회적 거리 두기
자택 근무
온라인수업
재난에 대비할 수 없는 사람의 단절과 불안
경제적 어려움 등이 우리 삶을 짓누르고 있다

평소 생각지도 못한 것으로부터
우리의 삶은 제한되고
삶에 대한 희망의 빛이 희미해지고 있다

그동안 너무 빨리 달리느라
인간의 자유를 누리느라 자연을 학대하고

자연이 자연스럽지 못하게 되면서
자연의 보복일까

만 년 전 빙하가 녹고
수온이 상승하고 있다

우리에게 필요한 자유는
멈춰 서서 자연의 목소리에 귀를 기울이는
자유

어두운 세상에서
촛불을 밝히며
하느님의 자비를 간구하는 기도를 드리자

(2020. 4. 22)

오늘도 감사합니다

세상을 살다
안 좋은 일을 만나도 이상하게
여기지 말아라

안 좋다고 생각하면
마당의 풀도 잡초 아닌 것이 없고
좋은 것을 보고자 하면
꽃 아닌 것이 없나니

모든 일에서 좋은 것을 찾다보면
어려움도
근심도
껴안을 수 있는 힘이 솟아나오는 법

살아있고
눈으로 볼 수 있고
귀로 들을 수 있고

입으로 말할 수 있으니

이보다 더한 기적이 어디 있는가
얼마나 감사한 일인가

(2020. 5. 29)

힘내세요

여러 해 전
일이 안 풀려도 이렇게 안 풀리나
그런 마음으로 고개 푹 숙이고
골목길을 걷고 있을 때

- 힘내세요
맞은편에서 오는
초등학교에 갓 들어갔을까 말까 한
꼬마가 한 말에 힘을
얻은 적이 있다

힘내세요라는 말은
일궈진 밭에 심겨진 씨앗
가문 날에 뿌리는 흙내 나는 빗줄기
그 빗줄기에 기분 좋게 파닥이는 이파리

나도 풀 죽어 돌아오는 사람을 만나면

한 마디 보약을 먹이고 싶다
-힘내세요

(2020. 6. 4)

만남

인생은 만남에서 시작된다
사람마다 지니고 있는 성격과 생각이 달라
만남으로서 서로 배울 수도 닮을 수도 있다

어려워도 남을 도우려는 사람
바쁘면서도 순서를 양보하는 사람
빛을 밝히는 촛불처럼
자기를 희생하면서 사회에 봉사하는 사람

만남을 통해서 성장하고
가치 있는 인생을 향유할 수 있다

학생은 훌륭한 스승을 만나 진짜 실력을 키우고
스승은 뛰어난 제자를 만나 보람을 느끼게 된다

남자는 좋은 아내를 만나 날개를 달 수 있고
여자는 좋은 남편을 만나 복된 항구에

도달할 수 있다

씨앗은 좋은 흙을 만나 우람한 거목이 될
수 있으며
흙은 좋은 씨앗을 만나 자신의 양분을 다
내주는 법이다

(2020. 6. 10)

2020년 코로나 19

스페인 독감 이후
거의 1세기만에 엄습한 전염병이다

마스크를 구입하려고
약국마다 장사진을 치는
인파들,

병원마다 흰 텐트에서 사람들은 줄을 서서
입을 벌리고
문을 닫은 성당과 예배당, 사찰 대신
인터넷이 미사와 예배, 예불을 생중계 한다

출근을 하지 못하고
얼굴마저 보지 못하고
우편물을 받는 일들이 많아졌다

시장이 그날치 감염 상황을 보고하고

의료진과 봉사자들이
중무장하고 환자를 돌보는 화면을 보며
우리는 침묵과 불안감에 떨고 있다

오늘의 기도는 한 줄로 줄이자,
-주여 우리가 자연과 더불어 살게 하소서

           (2020. 10. 7)

'할 수 있다'는 말

생각에는 열정의 떡잎이 들어 있다
감씨 속에 잎사귀와 감꽃, 가지
그리고 머잖아 맺을 감이 들어 있듯이

그 열정을 간절히 싹 틔우면
한 그루의 나무가 될 수 있다

생각은 터져 나와 말이 된다
말을 표현하면 행동이 된다
말에는 생각도 멀리서 건너올 바람도 향기도
유전자 같은 에너지도 담겨있다

어떤 일에 몰입하고 집중한다는 것은
말의 길을 새로 튼다는 게 아닐까
"말이 씨앗이 된다"라는 속담처럼
그 말이 예기치 못한 결실을 맺을 수도 있다

말의 힘

오늘도 입안에 맴도는 말을 조심, 굴려본다

어떻게 말해야 좋은지를 생각한다

(2022. 4. 27)

행복한 하루 되세요

설레는 마음으로 하루를 시작해요
하루가 일 년으로
일 년이 일생으로
연결됩니다

열린 마음과
긍정적인 태도는
즐거운 인생으로 이어집니다

당신의 생각과 말은
내일의 좋은 여건을 만들며
희망찬 미래를 열게 될 것입니다

웃는 얼굴과
행복한 하루는
즐거운 인생을 만듭니다

삶은 하느님이 주신 것이지만
행복한 인생은 자기가 만드는 것입니다
인생에서 최대의 승리는
내가 나를 이기는 것입니다

(2022. 5. 24)

삶이라는 레일로드

가벼운 마음으로 하루를 출발해요
하루가 일 년,
일 년이 일생이라는 철길로
연결되니까요

누구라도 아늑하게 담는 마음과
동백잎 같이 빛나는 웃음은
다음 역으로 우리를 인도합니다

마음 다친 사람들이
아늑하게 쉬는
그런 열차에서는

통통 불어터진 면발 같은 우울과
숭숭 뚫린 무 같은 통증의 시간도
파들하게 살려내지요

삶은 그 분이 주신 것이지만
오르고 내리는 생의 칸칸마다
줄기와 꽃대는 자신이 가꾸어 가야 하는 것

생이란 열차에서 가장 어려운 일이란
울퉁불퉁 내 속에 쪼그리고 있다가
뛰어내리려는 놈을 달래 다독이는 일이랍니다

(2022. 5. 24)

힌남노 태풍

태풍이 제주 부산 경주 포항 등
동남부 해안지역을 휩쓸면서 지나가서
피해도 많았다

포항 저지대의 아파트들이 침수되고
지하주차장에 주차된 자동차를 옮기려고
내려가서 변을 많이 당했다

위급한 그 때에
50대의 엄마는 아들에게
- 너라도 살아서 나가, 수영 잘 하잖아
엄마를 두고 나와야하는 14세의 아들은
- 엄마, 키워주어서 고마워요
했다는데

지하배관을 붙잡고 사투를 벌리던 엄마는
생존했고

아들은 밀려드는 급류에 휘말려 세상을 떠났다

-너라도 살아서 나가
못처럼 박힌 그 말 때문에
엄마는 목구멍으로 밥이 넘어갈까
살아남은 엄마의 앞날이
우리를 캄캄하게 한다

(2022. 9. 13)

위령성월

11월은 위령성월
세상 떠난 영혼을 위하여 기도드린다

저 먼 하늘로 가신 어머니
애절한 친구의 얼굴도
저 하늘 속에는
강이 되어 흐른다

영원한 그 분 앞에선
일찍 떠난 그분들도
같은 피붙이이니

부는 바람이 가지를 스치면
가지도 푸른 하늘 자락에
피리를 부는 11월

저 하늘의 가슴에

성스러운 나의 음악
기도의 깃발을 꽂는다

(2022. 11. 16)

성묘

하늘 맑고
산과 들에 생기가 돋는다

고향 마을
부모님 산소 가는 길 발걸음 가볍다
땀을 닦으며 천천히 오른다

10여 년에 걸려 만든 책을 들고 와
고유제를 드리니

-오냐, 그동안 고생했구나
철쭉꽃 빛 대답을 주실 때
하늘거리며 노랑나비가 내려앉았다
흘러가는 구름 사이에
두 분의 미소가 얼비친다

저 멀리 금오산이 보이고

아버지와 산보하던 추억이 새롭다
바람 소리 멧새 소리로
두 분은 언제나 살아계신다

          (2023. 5. 12)

병원 대기실에서

의사를 만나려고
기다리는 사람의 모습이
일렁이는 잔물결 같다

조용히 기다리는 사람
옆 사람과 이야기하는 사람
한숨을 쉬는 사람
당신은 술 많이 먹고 담배 많이 피우기 때문에
고칠 수 없다고 의사보다 먼저 선고하는 부인도
있다

복도 의자에 쌓이는
표정과 말들
같은 공간에서 듣지 않을 수도 없고
목에 걸린 말 참는 것도 힘들다

약한 바람만 불어도 흔들리고

진료실에서 나온 얼굴의 표정으로도
애틋한 그림자 일렁이는 곳

(2023. 5. 31)

세상의 모든 순간

모든 순간들
그 때가 설레는 꽃봉오리의 첫 시간이면서
다시 오지 않는 마지막 시간이다

온 몸에 싹이 트고
봄바람이 이는
시간의 눈동자
그 싱그러운 소용돌이

하여 산다는 건 순간

내가 만나는 사람에게 나는 향기
처음 가는 곳은 모두
샹그릴라

깨달음의 경지가 어디인가
그대의 생사가 있고

발 딛고 있는 그곳이다

이 순간의 꽃봉오리를 깨닫는 데
전 생애가 걸리는 사람이 많다

        (2023. 6. 21)

태풍 '카눈'

'2023 세계 스카우트잼버리 대회'가
새만금 간척지에서 열리면서
준비 부족과 부실운영에 대한 국내외 비판이 쏟아지고
많은 사람들이 걱정하게 되었다

속출하는 온열환자. 빠지지 않는 물
국무총리가 현장을 직접 방문하면서
해결의 실마리를 찾기 시작했다지만

지난 6년간 그 많은 예산을 투입하고도
여러 가지 시설들에 대한 문제가 있는 것 같다

태풍 '카눈'이 고개를 들고
여러 가지 문제점들을 진단하고 지나갔다
면밀한 준비가 되었다면
그렇게 당황하지는 않아도 되었을 것을

그렇다면
'카눈'은 그걸 알고 인간을 슬쩍 떠보려 했을까
(2023. 8. 14)

9월이 오면

태양열이 이글거리던 여름철
견디기 힘들었어요
시간은 흘러 계절이 바뀌겠지요

가을이 되면
시원한 바람과 함께
푸른 하늘을 향하여
가슴을 활짝 열어 심호흡하며
빨강 하양 코스모스를 보면서
산보할 수 있겠지요

가끔 걷는 수성유원지에도
별은 고요히 물 위에 떠서
말을 걸겠지요

가슴 깊이 품고 있던 꿈을
속 시원히 펼치면서

몸과 마음이 가벼워지는 9월에는

주어진 귀한 시간을 아끼면서
새로운 것을 남기고 싶어요

(2023. 8. 31)

노인 건강을 위하여

나이가 들어가면서
건강을 유지하기 위해서
관심 가져야 할 것들을 정리해 본다

두뇌활동을 한다
신문 잡지책을 읽는다
글을 쓴다
모든 일에 감사한다
감사의 기도를 드린다

신체 활동을 한다
걷고 움직인다
산책하고 계단을 오른다
스트레칭 하고 의식적으로 운동한다
심혈관 상태에 관심을 가진다

사회활동을 한다

사람을 만난다
친구 동료를 만나고 대화를 한다
정원관리 애완동물 등에 관심을 가진다
자신이 좋아하는 일을 한다

우리 생이 늘 꽃일 수는 없으니까
열매를 남기고 산보하듯 가야 할 날이 있으니까

(2023. 9. 4)

백일홍

연붉은 자주색 나무줄기로
여름에서 가을까지 백일 간이나
피고 지는
붉은 꽃은 아늑한 어머니의 품을 연상하게 한다

산과 들에서
백일홍을 보면
마당귀 어머니
고무신 끄는 소리도
밥 먹으라 부르는 소리도 나고

툇마루에 우두커니 앉아
자식이 올까 기다리는 모습도
보인다

깔끔한 자태로
정겹게 산소를 지키고 있을

그 꽃

언젠가 성묘하러 가
그 품에 안겨보리라
생각한다

(2023. 9. 12)

낙엽

가을바람에
검붉은 단풍잎 날려가고 있다

아직도 푸르렀던 청춘
몸 안에서 흘렀던 상처도
때 이르게 물든 삶도
바람이 이끄는 대로 내리고 있다

저 나뭇잎의 조용한 착지,
좀 더 낮은 곳으로
내려가야 할 때가 오리라

그 날을 위해
욕망에 물든 육신과 영혼의
무게를 덜어내고 싶다

(2023. 10. 31)

거울

거울을 보면
얼굴만이 아니라
그 날치의 표정도 마음도 보인다

거울 속에는 내 그림자와
지난밤 어수선했던 꿈자리
후회와 벅찬 기쁨도
숨길 수 없이 나타난다

어릴 적 외양간 옆
탁한 구정물도 잔잔하게 가라앉으면
파란 하늘도 구름도
밤하늘 별도 잘 비치던 것을

매일 거울을 볼 때마다
고요한 얼굴

깊이를 헤아리기 어려운 검은 눈
잔잔한 숨결 은은한 마음을 보고 싶다
(2023. 10. 31)

은행잎 밟으며

쌀쌀한 늦가을
바람에 날리며 흩어지는
노랗고 파란 은행잎 밟고 길을 걸으며
옛 친구를 회상하네

무덥던 여름
무성하던 잎들의 멋진 그늘 아래서
놀기도 하였는데
이제 잎들이 떨어지네

한여름 열정을 불태우던 시간들
이제 지나가고

차가운 겨울이 오는 것을 알려주는
떨어지는 잎을 밟으면서
지난 일을 회상하네

(2023. 11. 21)

V. 행복한 삶

행복한 삶	추자도의 눈물
자기를 이기자	공주 황새바위 순교성지
자기를 사랑하자	처세관
감사하라 복 받을 것이다	행복한 사람
손자	순교자 성월
타인의 마음을 얻으려면	고령자의 준비
인생은 나그넷길	침묵
내 생의 1막 2장	좋은 삶
어린이의 미소	김대건 안드레아 성인 조각상
여든 살	나이 들면서

행복한 삶

겨울이 지나가고
봄이 오는 길목에서
그대에게 어떻게 지내는지
안부를 묻고 싶다

안부를 묻고 싶은 그대가 있고
나에게 안부를 물어오는 그대가 있기에
삶에 보람을 느낀다

그대에게 관심을 가지고
그대가 나에게 관심을 가지는 것
당연한 것 같으면서도
특별한 인연인 것이다

때로는 전화로
때로는 만남으로
삶의 동반자임을 확인하면서

동고동락하는 것
서로 위로하고 격려하면서
함께 살아가는 것이
행복한 삶이라고 할 수 있다

(2020. 3. 5)

자기를 이기자

세상을 살아가면서 가장 어려운 일은
자신을 이기는 것이다
싸워서 이기기 가장 어려운 상대는
다른 사람이 아니라 자기 자신이다

자신과의 싸움에서 이길 수 있다면
세상과의 싸움에서 이길 수 있을 것이다

일생동안 자신을 어떻게 할 수 없어
괴로워하고 좌절하기도 한다
모든 것이 나로부터 시작되고
결과적으로 나에게 귀결된다

모든 것 내 곁을 떠나도
남는 것은 나뿐이며
해결책도 내 안에 있다

불안하고 화나고 슬픈 것도 나 때문이고
세상과의 다툼도 나 때문이다
괴로움도 고통도 나 때문이며
슬픔도 기쁨도 나 때문이므로
가끔 나에게 걸려서 넘어지기도 한다
나를 이기는 것이
진정으로 이기는 것이다

(2020. 6. 4)

자기를 사랑하자

추울 때도 있고 더울 때도 있듯이
삶에도 어려울 때도 있고 편안할 때도 있다
불행할 때도 있고 행복할 때도 있다

생각의 차이로
부유하면서 불행하다고 생각하기도 하고
가난하지만 행복하다고 생각하기도 한다

자기의 행복과 불행이 다른 사람 때문이라고
하는 경우도 있지만
반드시 그런 것은 아닌 것 같다
그렇게 생각하는 것은 시간 낭비일 뿐이다
오히려 좋은 인간관계가 중요할 것이다

용기를 내어 다른 사람으로부터 받지 못한
사랑을

자신에게 주어야 한다
가난하지만 자기를 사랑하면 행복해질 수도 있다
(2020. 6. 10)

감사하라 복 받을 것이다

현재 가진 것에 감사하라
살아서 숨을 쉬고
볼 수 있고
들을 수 있고
말할 수 있는 것만으로
감사할 일이다

내 가슴에 다가오는 햇살
팔 벌려 안는 바람
내게 있는 모든 것
축복이요 은총이다

가진 것에 감사하자
그렇게 하면 더 많은 것을 얻게 될 것이요
행복하게 될 것이다

그러나

가지지 못한 것에 너무 집착하면
결코 얻지 못할 것이다
불행하게 될 것이다

(2022. 1. 25)

손자

겨울 지나 신학기를 맞은
초등학교 다니는 손자
등교하는 발걸음이 가볍다

우리 집에 오면
운동화는 아무렇게나 벗어 던져놓고
뛰어와서 나에게 안긴다

가보고 싶은 곳도 많다
따라서 가보기도 한다
찬 시냇물에 입을 맞추는 오리도
나뭇가지에 어린 송아지 뿔처럼 돋아나는
잎새도 신기해 한다

전철 안내판을 열심히 보고
목적지까지 몇 정거장인지
시간이 얼마나 걸리는지

내게 알려준다

돌아와서는 발그레한 볼로
본 것을 요모조모 이야기하고
"할아버지 사랑해요"라고
말을 한다

왜, 왜, 왜 물으며
꽃잎 위에 다정히 쌓이는 햇살 같은
호기심 많은 내 손자

(2022. 2. 15)

타인의 마음을 얻으려면

먼저 자신의 마음을 열어야 한다
누구를 만나든지
자신이 먼저 아랫사람이 되어야 한다

상대방의 마음을 열도록 하려면
자기 자신의 마음을 여는 것이 먼저이다
자신을 낮추고 마음을 열지 않으면
상대방의 마음을 열 수 없다

낮은 곳에 이는 바람
낮은 곳에 비치는 햇살

자신을 낮추고
겸손하게 나의 마음을 열면
상대방도 저절로 좋은 인상으로
자세를 낮추고 마음을 열게 된다

(2022. 3. 29)

인생은 나그넷길

하늘에 구름이 오고 가듯이
인생은 끊임없이 떠돌다 가는 것

소리 없이 피었다가
지는 꽃처럼

언제 오고 언제 가는지
사람은 알 수 없지

다만
하느님이 주신 삶을
관리할 책임은 각자에게 있고

진정한 행복은
자기 마음의 평화를 필요로 한다

(2022. 4. 26)

내 생의 1막 2장

누구는 소풍이라고 했지만
인생은 잠시 빌려 쓴 집과 땅 돈과 자녀도
그대로 두고 구름처럼 가볍게
빈손으로 가는 것

'양손을 밖으로 내고 몸만 묻어라'* 했지

하느님이 처음 나를 이끌어 간 곳은
경영학經營學, 돈을 만지는 제자를 길러내는 일
세상이 조금 보일 때 되어
아름다움에 눈을 뜨라고
시의 풀밭으로 데리고 가셨다

시라는 머플러가 목에 둘린
이 황혼이 평화롭고 행복하다

풀밭, 한가로이 풀을 뜯는 소처럼

사유와 감정을 뜯으며 되새김질하며
한 생을 건너가고 싶다, 가볍게

　　　　　　　　　　* 알렉산더대왕의 유언
　　　　　　　　　　　　　(2022. 5. 11)

어린이의 미소

새벽하늘처럼 맑은 어린이 얼굴과 표정에서
미소 짓는 모습에서 천사의 메시지를 본다

눈빛과 얼굴 표정 그리고 손짓으로
자기의 뜻을 나타내는 태도에서
솔직한 감정을 알 수 있다

말 대신에 조용한 미소와 몸짓으로
진실하고 착하고 아름다운 뜻을 표현하고
그것의 의미를 알려주고 있다

말로 표현할 수는 없지만
얼굴의 표정으로 많은 뜻을 보내고 있다

(2022. 7. 19)

여든 살

인생 여든 살까지 살았으면 하는 소망을
마음에 품었던 때가 엊그제 같은데
유수 같은 세월에 여든 살이 되었다

혈기왕성하던 청소년 시절
꿈을 이루려고 몸부림을 치기도 하였다
나름대로 성과도 이루었지만
흰머리와 잔주름도 많아졌다

탐욕도 성냄도 벗어버리고
가벼운 몸으로
즐거운 마음으로
행복의 길을 열어가자

함께 살아온 가족 친구
인연 있는 사람에게
늘 감사드리며

여든 살에 들어
저녁노을 고운 빛깔처럼
화려한 저녁노을을 즐기자

(2022. 9. 13)

추자도의 눈물

제주시를 출발하여
하추자도 예초리 바닷가
황경한의 묘를 찾는다

황사영(알렉시오) 백서 사건으로
그의 아내 정난주 마리아는 노비 신분으로
제주도 귀양 가던 도중에
두 살짜리 아들을 예초리 바닷가
황새바위 틈에 두고 떠났지

갯바위에서 울던 그 아이
어부 오씨의 손에 거두어졌다지
어린아이 떼놓고 돌아선 어머니의 마음은
어떠했을까
평생 어머니를 그리며 포구를 걸었을 아들의
눈물은 또

갯바위 꼭대기 눈물의 십자가 아래
가뭄에도 마르지 않는 샘
그 모정을 생각한다

(2022. 9. 27)

공주 황새바위 순교성지

예부터 황새들이 모여 살았다고 하는 황새바위
아침의 첫 빛이 하늘에 번져 있었다

1784년 갑진년의 박해부터 일백 성상
숨은 장소에서 촛불 하나 별빛 한줄기로
기도하다가
어떤 사람의 밀고로 고구마 넝쿨처럼 끌려와
형틀에 묶여진 그들
손자성 토마스는 성인품에
이국승 바오로와 김원중 스테파노는 복자품에
올라있네

살아있는 동안
세상에 바쳐야 하는 고통에 비켜서지 않은 넋들
그 선혈이 제민천에 흐르고
금강이 그 핏물을 받아들였네

그들의 이름 새겨진 바위들
순교자 경당
수많은 숨결들이 들리는 곳

저녁이 되자
십자가 너머로
먼 길을 떠난 영혼들
하늘에 별들로 또렷하게 눈뜨고 있었다

(2022. 10. 19)

처세관

말은 의사소통의 수단이다
말을 통해서 생각과 느낌을 전달한다
말은 중요하고 큰 힘을 가지고 있다

말을 잘하면 서로 도움이 되고
말을 잘못하면 서로 피해를 입는다
입은 재앙을 불러들이는 문이요
혀는 몸을 자르는 칼과 같다

입을 닫고
혀를 깊이 잘 단속하면
가는 곳마다
몸이 편안하게 된다

(2022. 11. 22)

행복한 사람

아는 자는 좋아하는 자보다 못하고
좋아하는 자는 즐기는 자보다 못하다

지혜롭고 행복한 자는
웃고 즐겁게 사는 것이다

흔들리는 나뭇잎이
바람을 만들 듯

어제로부터 배우고
오늘 살아가며
내일을 희망하자

가문 논에 물 들어갈 때
아버지 표정처럼

생일마다 미역국 챙겨주시는

어머니 미소처럼

늘 기뻐하라
항상 기도하라
매사에 감사하라

        (2022. 11. 30)

순교자 성월

천주교의 씨앗은 순교자의 피,
지난 2세기 동안 많은 박해와 고통 속에서도
신앙을 지키고자 목숨을 바친 순교자들

한국을 기반으로 성인과 복자들이 탄생하였고
그들을 존경하고 기념하는 9월은 순교자 성월

한 알의 밀알이 땅에 떨어져 썩어
푸르고 푸른 생명을 불러오듯이

하느님과 그 나라를 바라보면서
믿음을 지키고자
목숨을 내어놓은 사람들의 죽음은
또 다른 영원의 향기가 되었다

기쁘게 가난을 받아들이고
고통을 인내하며

그리스도를 따르는 온전한 봉헌으로
주님의 은총을 입어 선종함으로써
선조들의 순교 영성을 이어나가자

(2023. 9. 4)

고령자의 준비

세상에 태어난다는 건
언젠가는 세상을 떠난다는 것

세월이 흐르고 나이가 들어가면서
어린이가 청장년으로 성숙하게 된다
청소년기에는 부모의 품안에서 자라지만
언제부터는 자신의 나침반으로
스스로 먼 길을 걸어가야 한다

시간이 흐르고 노인이 되기 전,
원숙한 생을 위하여 준비해야 할 것이 있다

불편 없이 생활할 수 있도록 돈을 저축하고
혼자서 잘 지낼 수 있도록 건강을 관리하고
외로움과 그리움에 대비하고

이러한 것이 채워져 있다면

다른 생으로의 여행도
안심하고 할 수도 있겠지

(2023. 9. 12)

침묵

함께 있는 친구가 안 보이는 친구 욕을 할 때
나는 입을 꾹 다물고 있었다
내가 잘 모르면 말하지 않아야 한다
말 저도 때와 장소를 가리고 싶은 것이다

내 속에 깃든 말은
아는 것은 아는 것이고
모르는 것은 모르는 것이라는
양식을 먹고 자란다

말을 많이 하는 것보다
다른 사람의 말을 잘 듣는 것이 더 좋다
마치 소나무 밑에 가서 그의 말을 듣듯이

일어서면서 그 친구는
오늘 말은 전부 비밀로 해달라고
눈을 찡긋 했다

떳떳하지 못한 말을 하는 사람이 늘 그렇듯
비밀로 해달라는 말을 그는 왜 했을까

(2023. 9. 20)

좋은 삶

일생을 보람있게 살아간다는 것은 중요한
것이다
하루하루의 삶이 평범한 것 같지만
그것은 특별한 선물이며
생의 노다지 같은 거다

일생 동안 하고자 하는 일을 하고
먼 훗날 세상을 떠나는 것
아주 중요한 것이다

좋은 삶을 살기 위하여
지금 이 순간이
얼마나 중요한 것인지
깨달아야 한다

부모의 마지막 순간과
맞닥뜨리는 게

임종, 부모의 마지막을 지키지 못해
남은 생의 한이 되는 자식도 있다

지금 이 시간의 중요성을
다시 새기고 새긴다

         (2023. 10. 17)

김대건 안드레아 성인 조각상

가톨릭 성지 로마 베드로 대성당에
갓 쓰고 도포 입은
김대건 안드레아 성인이 팔을 벌리고 섰다
순교한 지 177년만이다

"동서양 교회가 함께 나아가기를 바라는
희망의 표현"이라는 사제대표의 말처럼
프란치스코 성인과 도미니코 성인의 근처에서
인자한 미소를 띠며
한국어로 포교하고 있는
스물다섯 살 청년의 말을
오늘은 관광객들이 유심히 듣고 있다

그 말이 궁금한지
비둘기들도 한 번씩 날아오고

하늘도 어깨쯤에 내려와서
골똘하게 듣고 있다　　　　　(2023. 10. 19)

나이 들면서

말을 길게 하지 않으며
어떤 자리에서 한마디 말해야 되겠다는
유혹에 빠지지 말게 하시고

불의의 무리를 보고
내가 바로 응징하려고
애쓰지 말며

남을 도와주고
스스로 자랑하지 않으며
다른 사람의 고통을 덜어주는 힘을 주소서

가끔 나도 실수할 수 있다는 것을 깨닫고
남을 이해할 수 있는 능력을 주소서

(2023. 11. 12)

■ 평설

사람과 만물에 깃든 아름다움과 종교성의 발견

손 진 은
시인·문학평론가

■■■ 이정도 시집 『사랑과 지혜』 평설

사람과 만물에 깃든 아름다움과 종교성의 발견

손 진 은
(시인·문학평론가)

지난 몇 달 동안 이정도의 시집을 찬찬히 읽을 기회를 가졌다. 꽃과 초목, 어린 시절을 노래하는 시편들에서부터 가톨릭 평신도로서 사물과 국내 곳곳의 순교지는 물론, 바티칸의 조각상과 세계 곳곳의 자연의 경이, 온 우주에 퍼져 있는 하느님의 사랑을 경건한 태도로 묵상하는 시들, 사찰과 우리나라 역사와 국토에 대한 숨길 수 없는 애정이 담긴 시편들, 고향과 친구, 부모님에 대한 애틋하고도 깊은 그리움과 사랑을 운율에 담은 시편들, 노년의 원숙한 삶의 지혜와 통찰을 다룬 시편들에 이르기까지 복잡하지 않고 까다로운 수사 없이 물 흐르듯 써 내려간 작품들에서 받은 감동과 울림이 컸다. 이

글에서는 편의상 네 가지 항목으로 나누어 개성적인 세계를 이룬 이정도 시의 특징을 살피기로 한다.

시, 그 아름다움에 눈을 뜨다

이정도 시인은 경영학을 전공한 분인데, 정년퇴임 후 지난 십수 년간 시인으로서 아름답고 품격 높은 시를 쓰는 데 열과 성을 다하고 있다. 그렇다면 시가 어떻게 그의 가슴에 다가왔는지, 그의 인생관과, 삶에서 시가 차지하는 위치와 설렘을 다룬 「내 생의 1막 2장」이라는 시부터 고찰해 보기로 한다.

> 누구는 소풍이라고 했지만
> 인생은 잠시 빌려 쓴 집과 땅 돈과 자녀도
> 그대로 두고 구름처럼 가볍게
> 빈손으로 가는 것
>
> "양손을 밖으로 내고 몸만 묻어라*"라고 했지
>
> 하느님이 처음 나를 이끌어 간 곳은
> 경영학(經營學), 돈을 만지는 제자를 길러내는 일
> 세상이 조금 보일 때 되어

아름다움에 눈을 뜨라고
시의 풀밭으로 데리고 가셨다

시라는 머플러가 목에 둘린
이 황혼이 평화롭고 행복하다

풀밭, 한가로이 풀을 뜯는 소처럼
사유와 감정을 뜯으며 되새김질하며
한 생을 건너가고 싶다, 가볍게

-「내 생의 1막 2장」 전문
* 알렉산더 대왕의 유언

  첫째 연은 노년의 달관과 무욕의 마음을 드러낸다. 시인은 알렉산더 대왕의 유언을 토대로 인생은 잠시 빌려 쓴 것들을 "그대로 두고 빈손으로 가는 것"이라는 인생관을 드러낸다. 그러면서 하느님이 자신을 이끌어 간 두 곳을 언급한다. 먼저 데리고 간 영역은 자신의 전공인 경영학 교수인데 시인은 이를 "돈을 만지는 제자를 길러내는 일"이라고 정의한다. '돈'은 무엇인가? 모든 인간들이 다 가지고 싶어 하는 세상의 재화가 아닌가? 그러나 그는 그런 일을 평생 지속할 생각을 가지지 않는다. 직장인으로서의 사회적 명함과는 달리 하느님께서는 자신을 "아름다움에 눈을 뜨라고/시의 풀밭으로 데리고 가셨다"고 한다. 그것은 사회적 자아인 '교수'의 내부에 또 하나의 자아, '시인'이 있음을 인정한 것이다. 여기서 특별히 주목해야 하는 부분은 "세상이 조금 보일 때 되어"라는 구절이다. 그것은 시가 그 시기에 세상을 보는 아름다운 통로로서, 생의 신비를 은밀하게 들려주며 인생의 깊은 의미를 성찰하는 노년의 예지가 될 수 있음을 암시한다. 그는 시를 "목에 둘린" 머플러라고 은유한다. '목'이 이상을 상징한다고 할 때 이 머플러는 그 이상, 존재의 고귀함과 정신의 염결성을 감싸고 지켜주는 역할을 한다. 그것이 생활의 수익과 재화와 거리가 먼 시를 선택한 이유다. 여기서 그의 시의 정체성도 드러난다. "사유와 감정을 뜯으며 되새김질"한다는 말은 살아온 날의 일들이나 자연의 이치, 세상사의 세목(細目)에 대한 사유와 지적인 생각뿐만 아니라 풋풋하고 싱그러운 감성에 바탕을 두고 그것을 리듬에 살리는 시를 추구한다는 것을 함의한다. 이런 지향을 갖고 있는 시가 "한가로이 풀을 뜯는 소처럼" 한 생을 넉넉하고, 가볍게 건너가게 하는 역할을 한다는 것은 의미심장한 일이다. 인생의 1장이 끝난 늦은 나이에 2장으로 출발한 시는 자신의 영혼을 위로하고 생과 사에 지대한 영향을 미치고 있는 것이다. 그래서 시인은 이 황혼의 시간이 평화롭고 행복하다고 진술한다.

사랑, 사람과 동식물 사이에 스민 정신

『사랑과 지혜』라는 이 시집의 제목에서 드러나는 바와 같이, 시인은 '사랑'을 시집에서 중요한 덕목으로 설정하고 다양한 방식으로 그 사랑을 노래하고 있다. 먼저 생물 속에 존재하는 인간, 특히 부모님 모습의 형상을 하고 있는 생물을 살펴볼 필요가 있다.

청명이 되어
고향 선산의 부모님 산소 성묘하러 가는데
올라가는 산 능선 길 양쪽에
피어 있는 진달래꽃

나를 기다리시던 부모님
한걸음 다가오시면서
연분홍색 꽃을 들고
반갑게 맞이하신다

산소에서 성묘하고
산을 내려오는 길에서도
-어서 가, 무사히 잘 지내고
-다음에 또 와
하산하는 자식을 배웅하신다

건네주신 진달래꽃 망울에는
부모님의 마음과 말씀이 맺혀 있다
나는 그 따뜻한 정을 더듬으며
산길을 내려온다

-「진달래꽃」전문

시인은 성묘를 하러 산 능선 길로 올라가는 중에 발견한 진달래꽃을 보면서 "한걸음 다가오시면서/ 연분홍색 꽃을 들고" 맞이하시는 부모님의 환상을 발견한다. 부모님의 동작은 산소 앞 가까운 곳으로 다가오시고 성묘하고 내려오는 길에도 관여한다. 이런 동작은 진달래꽃을 매개로 이루어진다는 점이 중요하다. 이는 시인이 생물 속에 존재하는 인간을 추구하고 있다는 것을 단적으로 보여 주며 더욱이 부모님이 영원히 그 모습을 간직하고 있다는 생각, 나아가 영속적으로 존재한다는 시간 의식도 보여준다. 그리하여 내가 꺾어온 진달래꽃을 부모님이 건

네주신 것으로 생각하고 있으며, 꽃망울에서 "부모
님의 마음과 말씀이 맺혀 있"는 것으로 판단하고
있는 것이다. 이러한 의식을 가지고 있는 작품은
이 시뿐만이 아니다.

    뙤약볕 쏟아지는 여름
    하얀 울타리에 목 내밀고
    반갑게 미소짓고 있다
    누구시더라? 어디서 많이 본 미소였다

    다음 날 다시 가보니
    다홍색 나팔 같은 입술로
    햇살 받으며 환희에 어쩔 줄 모르는 듯
    활짝 웃고 있는 영락 없는
    아, 어릴 적 어머니
                              -「능소화」부분

  시인은 "하얀 울타리에 목 내밀고/ 반갑게 미소
짓고 있"는 능소화에게서 "누구시더라?"하며, 특히
"어디서 많이 본 미소"를 떠올린다. 다음 날 다시
가본 시인은 "환희에 어쩔 줄 모르는 듯/ 활짝 웃
고 있는 영락없는/ 아, 어릴 적 어머니"임을 알고는
반가움에 깜짝 놀란다, 돌아가시고도 여전했던 어

머니의 모습이 능소화로 환생한 것이다. 시인은 이런 의인론적 사유는 어머니에 대한 지극한 사랑과 그로 인한 그리움 때문이라 말할 수 있다. 그리하여 어머니의 표상은 꽃뿐만 아니라 우주의 천체까지 미친다. 마지막 연을 보자.

그 다음 날
꽃은 떨어지고 쳐다보는 하늘가
그녀 얼굴이 낮달로 떠서
날 보고 여전히 손짓하고 있었다
-「능소화」 마지막 연

어머니 모습의 미소를 띤 능소화 꽃이 떨어져 "아쉬워서 하늘을 쳐다보는데, 어머니 얼굴이 낮달로 떠서"-어서 가, 어서 가! 아들에게 "여전히 손짓하고 있"는 것이다. 시인의 생각에서 시작된 어머니의 얼굴은 공간을 제한하지 않고 확대되는 특징을 가지고 있다. 여기서 자연은 인간의 심사를 어루만져 주고 치유하면서 시인의 자아를 안정시키고 평형을 유지시키는 효과를 발휘한다. 시인은 「백일홍」에서도 부모의 모습을 발견한다. 시인의 이런 시적 경향은 이번 시집에서 드물지 않게 발견할 수 있다.

자연과 사물에 육화된 종교성과 신의 은총

　이번에는 부모에 이어서 자연에 스며 있는 꽃들이 신의 은총을 다루고 있는 작품들을 살펴보기로 한다. 생물들은 "깍깍깍, 네가 우는 리듬으로/ 꽃들이 벙글어진다"(「까치 소리」), "길가의 어린 풀들도/ 그 말을 들으려고/ 연초록 귀를 내미네"(「개나리」)에서처럼 그들끼리 교류하는 것을 넘어서, 인간의 모습을 하고, 나아가 신의 은총에 반응하는 신심(信心)과 종교성을 보여주고 있다. 이것은 초목이 하늘 아래 존재하고 있어서 더욱 실감으로 다가온다.

　길가에 나란히 줄지어 선 은행나무

　겨울잠에서 깨어나듯
　기지개 켜며 연둣빛 팔을 뻗고 있네

　일정한 간격으로 무리 진 새싹들
　부활절 맞이하면서
　성모송을 외우는지
　눈을 틔우고 있네
　연초록 망울들
　가지마다 곱게 맺혀

앙증맞게 기도드리고 있네
―「새싹의 묵주」전문

추운 겨울 지내고
새로운 부활절을 맞이하여 너는
하얀 촛불 들고
찬송가를 불렀지

작열하던 햇볕을 받으면서
짙은 초록색 옷으로
여름을 싱싱하게 보내며 너는
키를 키우더군

어느덧 가을
입성을 노랑으로 바꾸고
낙엽으로 옷을 벗기 전에 너는

아껴주어 고맙다는 듯
내년에도 건강하게 만나자는 듯
연신 감사의 인사를 하는구나
―「백목련의 말」전문

두 편 다 어린잎의 색과 모양을 중심으로 하느님의 은총에 반응하는 나무의 몸짓을 보여준다. 「새싹의 묵주」에서 시인은 "일정한 간격으로 무리 진" 연초록 둥근 은행나무 눈엽(嫩葉) 망울을 내미는 양태를 묵주의 모양으로 잡아내는 것에서 신심을 발견한다. 이 시는 그 바탕에서, "성모송을 외우"고 "앙증맞게 기도드리"는 청각적 심상으로 오밀조밀 확장하여 나감으로써 서경적 구도를 하느님의 은총으로 역동적으로 변모시키고 있다.

「백목련의 말」은 목련 나무의 4계를 종교성이 깃든 개성적 상상력으로 표현하고 있다. 그 중 첫 연 "하얀 촛불 들고/찬송가를 불렀지"라는 구절은 절묘하다. 그것은 목련꽃이 하늘을 떠받치듯 희고 둥글게 피어 있는 시각적 심상을 '하얀 촛불' 들고 '찬송가'를 부르는 시각과 청각이 결합된 심상으로 비유하기 때문이다. 이 정경을 통하여 우리는 어두운 공간에서 촛불을 들고 찬양을 하는 한 무리의 합창단을 연상할 수도 있다. 이어 시인은 뜨거운 햇살 아래서도 성장을 거듭하는 목련 나무에게서 자아를 키워나가는("키를 키우더군") 모습을 읽어내며 노란 낙엽과 나목으로 바람에 흔들리는 과정을 감사 인사를 하는 풍경으로 묘사한다.

종교성은 사찰을 다룬 일련의 시들에서도 나타나는데, 「쌍계사」의 첫 연 "섬진강/하얀 여울이/지리산 안고 돌며 낳은 절이다"와, 마지막 연 "여울처럼/혼자 흔들려서/고즈넉하고 아름답고 슬픈/절이다" 같은 구절은 빼어난 서정성과 미학적 긴장으로 보는 이들을 압도한다. 다음 시는 특히 고요를 매우 역동적으로 구사하고 있다.

> 붉고 노란 단풍으로 가득한 오솔길
> 푸른 차밭의 고요
> 적멸에 드는 듯
> 산책로 따라 천천히 올라가면
>
> 적멸보궁 안에 누워 계시는 부처님 사리도
> 정적에 드시고
>
> 바람도 볕도
> 요사채 앞 졸음에 겨운 개도 잠잠
>
> 일체 묵언이 필요한 보궁
> 말없이 말씀하시니 진언이로다
> ―「다솔사」 전문

적멸보궁이란 진신사리의 예배 장소이다. 적멸(寂滅)이란 번뇌와 고통이 사라져 심신이 고요하고 편안한 상태를 일컫는 말이다. 그러나 이 시에서 시인은 원래 뜻에 유머를 가해 의도적으로 '고요'만을 묘사하고 있다. 푸른 차밭도, 단풍도, 텅 빈 산책로도 그야말로 적멸에 드는 듯 고요 그 자체다. 적멸보궁 안에 누워 계시는 부처님 사리는 말할 것도 없지만, 바람은 불지 않고, 햇볕도 고요하게 내리고, "졸음에 겨운 개도 잠잠"할 뿐이다. 찾는 이 없고, 소리도 없는 고요를 다양한 자연물과 생물을 통해 드러내고, 마지막 연에서 "말없이 말씀하시니 진언"이라는 역설로 반전을 이루는 구조는 이 시의 매력이라 할 수 있다.

지혜를 통한 깨달음과 각성

시인이 '사랑' 다음으로 많은 관심을 기울이고 있는 것이 '지혜'이다. 이는 시집 제목에서도 드러난다. 시인은 살아가는 예지로서 '지혜'를 많이 강조한다. 이런 시편들에서는 감각보다는 원숙한 사유를 통해 오늘 우리 자신을 되돌아보게 하는 게 특징이다

성실하고 침착해야 한다
허둥대면
바라던 결과를 얻기 어렵다

중국 항저우 아시안 게임 현장
롤러 스케이팅 남자 3,000m 계주

한국 남자 선수가 결승선 직전에서
전심전력으로 달려야 할 그 시점에서
성급하게 만세 부르다가
대만 선수에게 0.01초 차이로 역전되어
금메달을 놓쳤다

1등이라고 생각하고
허리 펴고 두 팔 뻗치면서 결승선 통과하기 전
승리의 세리머니 하던 순간
메달의 색깔은 바뀌고
길 위에 흩뿌린 땀방울들이 과거의 시간으로 되돌아갔다

무어라 불러야 하나
순간의 방심으로
만세 부르는 2등
우리 이마에 새겨지는 절망의 시간들을!
　　　　　　　　　　　－「만세 부르는 2등」 전문

이 시는 우리 모두를 절망하게 했던 아시안 게임 롤러스케이팅 결승 장면, 즉 결승선 직전에 이미 1등이라 생각하고 성급하게 세리머니를 했던 선수의 어리석음을 깨우침으로써 우리를 성찰하게 한다. 그런 성급한 행동을 함으로써 선수들의 "메달의 색깔은 바뀌고/길 위에 흩뿌린 땀방울들이 과거의 시간으로 되돌아"간 돌이킬 수 없는 허망감을 진술하고, 이를 지켜보는 온 국민들의 "이마에 새겨지는 절망의 시간들"까지를 잡아내고 있다. 시인은 첫 연에서 그런 현상을 "허둥대면/바라던 결과를 얻기 어렵다"는 구절로 일갈하면서 우리에게 지혜를 은근히 권면하고 있는 것이다.

사람들의 관계는 묘한 것이다
만나고 오랫동안 잘 지내기도 하고
그렇지 못하고 헤어지기도 한다

어리석은 사람은 인연을 만나고도 모르고 지나고
보통 사람은 인연을 알면서도 놓치고
현명한 사람은 옷깃만 스쳐도 그 인연을 알고
손을 잡는다

인연을 만드는 건

품을 내어주는 것

마치 모내기 한 논이
하늘이 내려와 놀고
해와 구름도 산도 따라와 놀도록
품을 내어주듯이

－「인연」 전문

　시인이 정작 강조하고 싶은 것은 2연의 어리석은 사람과 보통 사람, 현명한 사람의 대비일 것이다. 인연을 만나고도 모르고 지나가는 어리석은 사람, 인연을 알면서도 놓치는 보통 사람, 옷깃만 스쳐도 그 인연을 알고 손을 잡는 현명한 사람은 다 어느 정도 들어본 이야기 이지만, 독자들은 이 시를 읽으며, 거듭 깨달음을 얻고 경성하게 된다. 그러면서 시인은 우리에게 말한다. 품을 내주라고. "모내기 한 논이/하늘이 내려와 놀고/해와 구름도 산도 따라와 놀도록/품을 내어주듯이" 이 시는 설명적인 면이 있지만, 마지막 연의 구체적이고 신선한 비유가 들어가 조화를 이루도록 배려하고 있다.
　이런 지혜의 시편들은 연륜이 높아질수록 많이 나올 것이다. 다만 주의를 기울여야 하는 것은 이런 시편이 설명적으로 흐르게 해서는 안 된다는 점이다.

　지금까지 필자는 편의상 네 부문으로 나누어 이정도 시인의 시편들의 특징을 살펴보았는데, 각 장마다 언급하고 싶었지만 빠진 시편들도 많았다. 특히 한국 가톨릭의 주체성을 다룬 「김대건 안드레아」를 비롯한 종교 시편들, 「경주」, 「다시 다부동에 와서」와 같은 국토 사랑 시편들, 「키 큰 살구나무」와 「뉴질랜드 양떼」, 「토끼」와 같은 헌신하는 생물을 다룬 시편들이 그렇다. 이렇듯 이정도 시인의 시는 상상력과 비유, 미적 표현에서 뿐만 아니라 사유에서도 개성적인 시편들이 많다.
　사유와 감성 양면에서 자신의 개성과 미적 성취를 이룬 이정도 시인의 시편들이 더욱 원숙함과 달관의 경지를 열어 가시기를 축원 드린다.